붉은 열차

김진경 시집

문학의전당 시인선
238

붉은 열차

김신영 시집

문학의전당

시인의 말

저 하늘에 떠 있는 별들은
던져진 채 꿈을 꾼다.
갈 길은 아득하고 발은 떨어지지 않고
모퉁이의 불빛 아래서 서성거렸다.
그래도 여기까지 따라와 줘서 고맙다고
가만히 발등을 어루만지는 저녁,
쓰다 만 편지들, 미처 못다 한 말들을
이제야 세상 밖으로 떠나보낸다.

문득 저녁 강을 만나도 좋겠다.

2016년 10월
김진경

차례

제2부

제3부

제4부

제1부

강물의 집

강물로 뛰어든 하늘 귀퉁이
물살과 겨루지 않고 낮은 곳으로 흐른다
이내 구름도 따라 흐른다
허물었다 다시 지어 올려보는 물의 집은
먼 세상 끈으로 이어지는 끝없는 줄다리기로
모든 허물을 오롯이 덮어준다
수초에 뒤엉키거나
돌부리에 걸려 뒤틀어진 강을 보듬어 안고
제 몸 끊어 새 물줄기로 이어준다
시침질하는 어린 물살도
가만히 샛강의 폭을 넓히고 있다
가장자리 어디쯤에다
철부지 아이들 웃음소리 까르르 부려놓고
작은 소리로 쿨럭이는가,
흔들리지 않으려고
멈추지 않으려고, 안으로
울음을 고요히 움켜쥐고 있는
물구름의 집

별 울음

친구가 떠나가던 날 밤
별똥별 하나 떨어졌다
별같이 생긴 친구의 눈빛에 맺혀 있던 울음
송두리째 지우려고
밤하늘 까맣게 태우는지,
저녁 어스름 늦도록
몸부림치는 강줄기를 따라서 걷다 보면
강에서도 별 울음이 들려온다
물결 위에서 한 점 별이 되어 떠 있다 지워진다
어쩌면 내 안의 울먹한 기억들도
저 별의 부스러기였는지 모른다
거울 앞에 서 있어도
터진 눈물샘 멈추지 않는
내 안에 샛별로 반짝이던
별똥별 하나

길 안에서 길을 묻다

나를 망설이게 하는 교차로가 있다
쏜살같이 비켜 지나가는 사람에게
아무 조건 없이 추월당해 보면
달려온 길 끝에서 한 걸음도 나서지 못하고
주춤거릴 때가 있다
잠깐 호흡 고르는 사이에
하얀 이 드러내며 웃고 있는 횡단보도
수많은 경계선들이 점멸등처럼 머뭇머뭇 지나간다
길 위에 길을 내며 강물처럼 흘러가다가
언뜻 돌아보면 언제나 그 자리에 돌아와
끝도 없이 서성이게 하는
또 하나의 길
저녁 해가 길목들을 거두어 가면
어디로 발길을 잡아야 할지,
나와 다른 나, 흐릿한 경계선에서
서로가 서로를 놓아주지 않으려 한다
길과 길 사이에서
나도 교차로가 되어 서 있다

물고기 잠

남자의 물고기 잠 속으로
팽팽하게 서 있는 지느러미 선이 내려앉는다
한기가 물결처럼 출렁이는 방
모래구릉이 까칠하게 긁혀대던 바닥에 눌려
얼굴이 금세 일그러진다
아가미의 기억 속에는
넓은 개천이 전설처럼 흐르고
헌 책갈피마냥 너덜너덜해진 지느러미는
집채만 한 물길에 휩싸여
물 밖으로 내동댕이쳐졌다
얼음 속 균열이 시작되던 날
몇몇 무리들은 짐을 싸고
등 뒤로 날카로운 비명을 지르며 문이 닫힌다
두 귀가 찢기어 나가는 통증으로
파르르 떨고 있는 두려운 눈물
식구들이 모두 깨어 있는 벌건 대낮
죽은 듯 소리 한 점 없는
이 실내는 어디지,

온몸에 신문 구직난 활자를 두르고 있다
울음 밖으로 한 발짝도 나갈 수 없는
남자의 잠이 한쪽으로 뒤척인다
다시 한 번 지느러미 휘는
슬프디슬픈 잠

그믐밤

먼 시간 온몸으로 견뎌내다
봄여름 긴 터널 지나 가을에 이르면
은행잎들은 앞다퉈 달빛을 들이킨다
배불리 먹고 버려둔 달무리가
한 가닥 실처럼 홀쭉해지면
달집도 허물어지고
은행나무 위 달빛은 뭉그러진 지붕이 된다
달을 따라간 은행잎마다
밤길 넘어 동선을 좁혀오면
어두컴컴한 하늘가에
흐린 달이 문을 닫는 새벽,
어젯밤 내가 베어 먹은 달은
어느 나무 아래 누런빛으로 지고 있나
저기 하늘이 물러선 자리
검은 구름 위로 그믐달이 가만히 기울고 있다

겨울 강가

하얗게 질려 있는 물살에게
달빛이 내려와 모자를 씌워준다

쩡, 하고 떨어져 나간 얼음 한 덩이
어깨 들썩이며 울먹이는데
둥근 몸통 다듬어 조각달 띄울 때까지
초승달로 마주보며 서로를 알아가는 달

깨진 얼음덩이 저편으로 건너갈 때
적막과 고요가 하나의 긴 숨결로
뭉툭하게 닳아져 가는 하얀 여백
이 단순한 색깔에 나는 사로잡힌다

소리 없이 파고드는 눈발,
달빛은 겨울 소묘 한 컷이 된다

발레리나

네모난 종잇장이 무대가 된다
어쩌다 꺼내 본 악보에서
묵은 감성 한 켜 한 켜 불러 모아
발끝에서 손가락 끝까지 날아오르려면
종잇장보다 가벼워져야 한다
과장된 몸짓도 내려놓아야 한다
꾹 눌러 짠 아픔을, 담아내지 못한 사랑을
지우고 걸러내도 비집고 나오는
삶의 틈새에 낀 비계 덩이를
발목 끈에 질끈 동여매고 있다
그래, 처음부터 만만치는 않았어
뒤엉켜 우는 문장들
구겨지고 찢겨 나가는 춤판을 들여다보는
매의 눈빛
세상을 향해 던지는 어설픈 몸짓으로
느려터진 템포의 음악이 제자리를 맴돌더라도
누군가의 가슴에 스며 흔들리는 몇 줄의 시,
멍 하나 지워내는 춤을 출 거야,

부러진 발톱 뽑혀 나간 자리에서
다시, 춤이 되는 거야

거미

욕심 많은 녀석이 있다
늘 구석에 웅크려 있거나
천장에 거꾸로 매달려
먹잇감이 나타나면 허공으로 휙,
배낭 하나 둘러메고, 여기저기 기웃기웃
제 몸보다 더 큰 욕심 덩어리를
꾹꾹 눌러 담는다
툭, 건드리면 또르르 제 몸 말아
한바탕 휘몰아친 바람에도 좀처럼 떨어지지 않는다
휘저을수록 착 감겨 한 살림 차리자 한다
반쯤 찢긴 그물 속에 숨어서도
구멍 난 욕심 줄줄이 꿰매며
비밀스럽게 그늘을 엮어가는
걷어내려 할수록 악착같이 달라붙는
고약한 놈

휴가

작아지고 싶으면 섬으로 떠나자
가방에 넣지 말아야 할 것은 비우고
알람시계와 플라스틱 그릇 몇 개,
나를 채찍질하는 많은 책들 사이에서
삐뚤어진 생각도 버려두고 가야 한다
그래도 커피는 결코 포기할 수 없다
헐렁하게 마음의 빗장을 열어놓고
세상을 향한 플러그도 모두 뽑아 버리자
그리고 맨발이 되자

아침 바다에 나가 수평선을 바라보면
금빛 모래가 되어 반짝이는 것을,
억지로 피운 꽃 하나 없이 평온하다는 것을,
한 발짝 더 가까이 다가가 넓게 펼쳐볼 수 있다
아무도 방해하지 않는 자유의 섬,
그곳에서 잠시 묵음의 새가 되어 날아보자
처음인 것처럼
떠나 있으면 내가 보인다

샌드위치

냉장고에서 샌드위치를 꺼낸다
한 입 베어 문 자리가 꿰맨 수술 자국 같다
돌멩이처럼 딱딱해져 가는 반죽의 육질이 시커멓다
반죽된 꿈이 조금씩 허물어지면
굶주리고 있던 말라깽이 마음에 식탐이 불을 켠다

촉촉한 시간들을 잘게 다지고 버무려서
나와 나 사이에 가득 채우고 밀어 넣어본다
알맞게 버무려진 언어를 만들기 위해
신선한 재료들로 나를 살짝 덮어도 본다

생은 샌드위치 알맹이 같은 것이다
오랜 습관처럼 익숙하게 끌어당기며
섞이려 들지만 스며들지 않는다
여전히 배고픈 복통이 부풀어
샌드위치 속에 뒤엉켜 자란다

식탁 위의 사소한 식사와 질색하는 양배추도

못이 박히도록 되새김질하는 식욕들도
밀어내기에는 너무도 무거운
내 삶에 짝 달라붙어 삭고 있는 영원한 잠이다

눈길

그대와 나, 눈길을 사이에 두고
서로 다른 방향에 대고 꿈을 꾸며
밥을 먹고 노래를 부릅니다
그 눈길을 걸을 때마다
사람의 이목구비는 안 보이고
나무와 새들 노래도 들려오지 않습니다
다만 우리 사이에 무언가 못다 적은
여백이 눈길을 만듭니다
지난밤 내 편지는 하얀 눈길을 걸으며
발자국을 남기고, 그 발자국을
따라온 얼굴이 선명합니다
가만히 보면 우리 사이를 갈라놓지 못하는 것은
서로를 알아보기 때문이 아닐까요
눈은 서로의 상처를 덮어주기도 하고
먼 나라로 쓸려가기도 합니다
그러다가 그대가 걸어온 눈길을 가만히 걸어보면
그 눈길에 무언가 흐르고 있는 게 보입니다
끝도 없이 이어지는 눈길이 보입니다

오늘

천천히 걸어가세요
햇살 끌어 잡고 있는 손 놓을까 두렵군요
히얀 구름 떼는
내 키를 훌쩍 넘어 달아나 버리고
아무것도 비추지 않는 거울 앞에 서면
내 마음이 선명하게 보이네요
깃털처럼 가벼워져서
오랫동안 습지를 견디어 온 풀꽃의 기억을
바람에 툭툭 털어 말리고 있어요
등 뒤로 고래고래 소리치던 빗줄기는
오늘, 어디에도 없네요
뭄거푼 속에서 제 핏줄이 새롭게 태어나듯
기다림은 또 다른 그리움으로 길들여지나 봐요
조금만 더 머물러볼까요
소리 내지 않고 그냥 한번 스쳐 지날 뿐인데
잎사귀 한 장,
기어이 떨어지려 하네요

시선을 당기다

새들이 떼 지어 날아오르자
몇 갈래로 갈라지는 하늘,
저 하늘의 틈을 밀고 들어가면 탈출구가 보인다
새들은 방향을 돌려 옆구리가 터지도록
직각으로 하늘을 구부리고 있다
곁눈으로 훔쳐보던 시야를 벗어난
검은 머리 새떼들,
구름 한 귀퉁이 끌어내려 길을 내는 동안
새 울음소리는 메아리가 된다
그 치명적인 울렁거림,
까만 눈 새를 따라 잠시 날아올랐다
어긋난 시선이 다른 방향을 돌아
구름 뒤에 숨는다
햇빛을 좋아하는 새와 구름 그늘을 좋아하는 새가
반대쪽 하늘에 걸려 있다
새의 옆얼굴이 하늘 모서리를 당겼다 놓는다
그 틈새에는 비상구가 있다

모래 세상

달려가서
한 아름에 부둥켜 안아봐도
안으로 안으로 사그락거리다
저 혼자 허물어지는 성

나무가 자라 잎사귀 우거지고
가끔은 꽃도 피우지만
모래바람에 뿌리째 뽑히고 만다
꽃송이 떨어져도 금세
낯선 풍경 하나 멋지게 만들어놓은
모래구릉

허물었다 다시 쌓아 올려도
그 무엇 하나
내 것이 아닌 모래알 세상
걷고 걸어도 방향을 알 수 없는
사막

편지

너무 많이 외로우면 편지가 안 써진다
할 말이 뚝 그치고 만다
그런 날 내 시는 봄날 아침같이 졸음이 온다
그 따분함을 이겨내려고
털장화를 신고 밖으로 나온다

발꿈치에서 보송보송 피어오르는 아지랑이
발등에 구르는 풀꽃송이
노란 입술에서 새어나오는 노래들
아무 생각 없이 지나가는 햇살이 켜주던
나무 그림자들도 따분하기는 마찬가지다
그러나 마음은 민들레 홀씨처럼 풀풀 날린다
그때마다 남자의 얼굴이 나부끼다 펄럭이면서
어디론가 날아든다

나는 모스크바의 들길을 떠올려본다
생각해보면 내 시는 민둥산을 막 돌아 나온 바람으로
스쳐가기도 하고, 저녁 하늘가를 울먹이며 떠도는

검은 구름이기도 하고
그러다 지치면 쓰러져 누운 풀잎의 생을 빌려
가만히 마른 몸 일으켜 바람에게 맡겨보기도 한다

수평의 생

생은 눈금을 기억하고 있다
평생 납작 엎드려 있던 길들도
울퉁불퉁하게 생채기가 나 있다
한 걸음 내려놓으면 다른 한 걸음이
같은 보폭으로 길을 밀어낸다
그 길 위 깜빡이는 건널목을
뛰어갈까 멈출까 망설이는 사이에도
세상의 눈금은 내게 새 옷을 입히려 든다
오르막 뒤에 내리막이 숨어 살고
늘 어디론가 달아나는, 내가 걸어온 길이
어느 깨진 보도블록 사이에서
당당하게 살아가는 민들레 같다
생의 중심에서 서서히 멀어지는 나
중앙선 너머 거꾸로 가는 길이 자꾸만 곁눈질 한다
그 선 너머에서 스쳐간, 그리고 가지 않은 길
앞서거나 뒤서거나, 혹은
끊어진 어느 길목에서 나를 잃어버려도
어느 쪽으로도 기울지 않는 수평이고 싶다

건망증

기억을 갉아먹는 벌레가 산다
언제부턴가 동거를 시작하더니
이리저리 나를 끌고 다닌다

가만히 숨 고르기 하다가도
배가 고프면 추억을 갉아먹으며
불시에 내 생각 모두를 꿀꺽 삼킨다

누가 저 벌레 좀 치워주세요
살이 통통 오른 벌레가
오늘도 내 문지방을 넘나들고 있어요

아하, 그 벌레 이름이 뭐였더라

빗방울을 엿보다

빗줄기가 유리문 안을 기웃거린다
벽은 며칠째 숨죽여 울컥인다
창문을 가만히 열어보면
반백의 머리칼이 종횡무진 날고 있다
삼단 우산의 속대는 굵은 빗줄기를 그대로 닮아간다
늘 약속도 없이 추적추적 따라오던 빗방울이
우산을 확 밀치고 나온다
아래로 아래로 떨어지는 빗줄기가 때로는 폭탄이 된다
가끔은 우산을 내던지고
그냥 고스란히 온몸을 젖어도 본다
떠밀리면 떠밀리는 대로 물구덩이에 미끄러져도 본다
온갖 통곡을 쓸어안고 난 후에야
새로운 통로를 만드는 빗물, 그리고
흠뻑 젖은 채 돌아와 구겨진 마음 털고
다시 펼쳐야 하는 우산

제2부

동행

휴일 공원이 난장판이다
갑자기 쏟아지는 빗방울이 제 성깔 견디지 못해
오랜만인 수풍을 질펀하게 뭉개버렸다
강아지가 뛰어간 자리마다 물병과 김밥이
덩달아 엎질러지고 날뛴다
아이는 새로 산 운동화에 흙탕물 튀길까
나무 밑에 포스터처럼 붙어 있다
커다란 겉옷이 아들이 된다
뒤엉키지 않고 넘어지지 말라고
잔걸음을 재며 옆을 놓지 않는다
아버지와 찢어진 아버지 반 토막이
나란히 걸어간다
두 사람이 속도를 맞추어 가는 동안
뒤척뒤척 쪼그라들고 있는 아버지의 셔츠가
맨살을 긁어내린다
'괜찮아, 괜찮아'라고 말하는 빗물 밴 아버지의 옷을
아이의 걸음걸이가 오래도록
아버지의 그림자를 베어 먹으며 가고 있다

붉은 열차

녹슨 철길이 있다
온 세상이 하얀 겨울나라 어딘가
붉은 열차가 달리고 있다고 했다
보내고 떠나는 두 마음을 끌고
절반의 생을 달려온 붉은 열차,
내 몸에 둥근 선로가 깔리고
눈길에 화살이 날아간다

먼 서쪽 나라 그대가 살고 있는 곳을
뜬눈으로 날아가던 시절이 있다
아무리 달려도 끝도 없이 이어지는 눈보라
그 눈송이 나부끼던 하늘에 쏘아 올린 화살같이
자꾸만 멀어져 가던 쇠바퀴 울음,
나는 오늘도 한번 가서는 돌아오지 않는다는
시베리아 설원을 달린다
눈길에서 서로 어긋나고 뒤틀리는 것이
숙명이라고 말해주던 그대,
기다림, 멀고 먼 기다림은 이어지고

그 기다림이 지치면 그리움으로 날아가는 화살같이
나는 달린다
세상에서 제일 긴 말을 듣고 싶을 때
문득 떠오른 한 마디

'잘 있어'

야경

저녁 하늘이 강물 위로 나란히 흐르며
낮에 그려놓은 표정을 지우고 있다

물풀 쓰러져 누운 물결 위로
떠 있는 별들

온갖 빛을 두르고 있는 세상의 창틀에다
맹수의 눈빛으로 불을 켜는 밤

저마다 별자리에 흐르는 빛부리들
무엇인가 말을 하려다 입을 다문 밤하늘은
한때 빛을 뿌리던 그 누군가의 눈동자였고
꿈꾸는 희망이었다

저녁 해거름 내미는 손 놓아버린 채
물길 위에서 흔들리는 불빛으로 흐르다가
혹은 기우는 저녁달에게 가서
여기서부터 시작이라고 말해주고 싶다

강물에 떠 있는 빛은
잠들지 못한 누군가의 울부짖음이라고

혼밥*

한 청년이 편의점에 들어온다
숨통 조이는 넥타이와
발목 잡힌 긴장감을 풀어놓는다

날마다 인스턴트로 익혀 온 먹잇감을
능숙하게 사냥한다
플라스틱 도시락, 맥주 한 캔……
어둑해진 유리문 앞에서
혼자 밥을 먹는다

꼬물거리며 기어 나오는 외로움

숟가락을 탁 내려놓으며,
거기 누구 없나요?
큰 그릇에다 밥을 쓱쓱 비벼서
주거니, 받거니 나눠먹을
그런 사람

---

*혼밥: 혼자 먹는 밥.

늙은 부부와 개

봄볕 따사로운 산골 마을에 늙은 부부와 개 한 마리 살고 있다 덩치 큰 누렁이 이름은 길순이다 마루 끝에 엎드려 며칠 앓고 나더니 통 말이 없다 고깃국 끓이는 할머니 곁에서 코를 실룩거리며 저 먼저 달라고 제 밥그릇을 물어다 놓는다 단숨에 밥그릇 뚝딱 비우더니 슬며시 집 밖으로 나가버린다 동네 한 바퀴 돌아다니며 이것저것 참견도 하며 기웃거린다

"이 집에서 일 순위는 길순이야, 길순이 나이가 나보다 더 많소."

할머니 말씀에 대꾸하기 귀찮은 할아버지도 한 마디 한다

"내 나이가 더 많아."

달그락달그락, 그릇 부딪치는 소리 산골 집에서 새어 나온다

손님

너무 가까이 있어서,
서로 많이 닮아 있어서 몰랐다
우리는 저마다 홀로 떠 있는 행성
때론 슬그머니 먹구름 뒤로
얼굴을 숨겨버리는 달이거나 별이었다

식탁은 풍성했으나
어머니 마음에는 찬밥 덩이만 쌓여가고
손님이 되어버린 너와 나는
문득 돌아보면 텅 빈 공간에
서로 좁힐 수 없는 간격으로
물끄러미 떠 있다

어머니는 다시 더운밥을 짓는다
기억을 비워내시려고 새 밥을 짓는다
식어가는 밥이 되어버린, 저기
손님이 문 열고 들어온다

그릇

시집올 때 들고 온 그릇 상자를 열어본다
오랜 세월 갉아먹은 후에야 서투르게 알게 된
어머니 사랑
살아보니 나도 어머니에게 다루기 힘든 그릇이었다
크기와 모양새가 다르고
성격도 생김새도 서로 다른데
어머니는 늘 삼 남매에 맞춰서
골고루 음식을 담아주셨다

낡은 부엌 장을 여닫을 때마다
물끄러미 바라보시던 어머니,
들리지 않고
보이지 않는 곳에서
지금도 자식을 위해 음식을 담고 계신다

아침 식탁 위에
이 빠진 접시 하나 미안한 마음으로
슬그머니 꺼내놓는다

환승

지하도 내려가는 길목에
다 늦은 오후를 구겨 넣어본다

흩어진 발자국을 따라 걷다 보면
전동차 안에서 줄 지어 앉아 있는 생각들도
각기 서로 다른 방향으로 달린다

높낮이가 다른 사람들 머리 위로
안내방송은 늘 같은 목소리로 말한다

—목적지가 다른 사람들은
  이번 환승역에서 내려
  새로운 출구를 찾으세요

때론 익숙한 길도 놓쳐버리고
오랫동안 그늘에 머물렀던 시간을 털고
지상 어딘가로 걸어 나가야 한다

열차가 떠난 후
화살표를 따라 환승역을 맴돌고 있는 사람들
제각기 다른 출구를 향해
빠른 걸음으로 걸어가고 있다

길 위의 시간

세상의 모든 길은
동그랗게 휘어지기도
모퉁이를 만들기도 하다가
그만 한쪽으로 으스러지기도 한다
횡단보도에서 신호를 보내면
한 떼의 물결이 출렁이며 밀물이 되고
햇살에 쓸려나가면서 썰물이 되기도 한다
길에 나가면 아무래도 불안한 것이 그 이유다

길에는 시계가 달려 있다
시곗바늘 같은 사람들이 먹장구름을 머리에 이고
동동 떠다니기도 하고
이따금 자동차가 보채기도 한다
좌회전, 우회전으로 신호를 보내면서
발길을 밀고 당긴다
한 시절이 소리 없이 휘고 있다

자화상

거울 속 여자가 빤히 나를 바라본다
퉁퉁 부어오른 그녀의 얼굴이 낯설다
오십견으로 느슨해진 팔로
삐뚤빼뚤 눈썹도 그려본다
나도 따라서 눈썹을 그리면
꿈꾸던 날들이 거울에서 미끄러져 내린다
초점 흐린 눈이 좀처럼 맑아지지 않아
덕지덕지 달라붙은 거울의 얼룩도 닦아본다
깨지고 으스러진 시간을 꺼내면서
동전의 한쪽 면만 보려 하는 여자가
아직도 버리지 못한 꿈을 거울 속에서 찾고 있다
멍하니 바라보고 있는 나를 얼핏 흘겨보더니
화장을 지운다
나도 따라 얼굴을 지워본다

쉼표를 찍다

빨간 입술로 꽃단장 하신
팔순 할머니 한 분
뒤뚱뒤뚱 걸어가신다
평생 가보지 않은 백화점을
뒷짐 쥔 손에 지폐 몇 장 챙겨 쥐고
죽기 전에 꼭 가봐야 한다는데,
내려가는 에스컬레이터가
시속 80km는 족히 돼 보인다
첫발을 내딛는 순간
아찔하다,
금쪽같은 아들 딸 얼굴이
발밑으로 굴러떨어진다
점점 빨라지는 계단에 엉거주춤 앉아
띄엄띄엄, 쉼표를 찍는다
숨이 차다
떨고 있는 동그란 한 점.

첫사랑

단잠에 빠졌다
일어나려 해도 잠은 죽음같이
방바닥에 납작 엎드려 있다
돌아눕고 뒤채이면
더 깊은 잠 속으로 소리 없이 끌어당긴다
끌려 들어간 잠 속에
정물 같은 사람의 형체가 있고
오래전에 멀리 던져버린 사랑이 있고
방향 없이 출렁이다 건너가면
흩어지는 물결이 있다
몇 번 잠에서 깨어나려 했지만
잠은 쉽게 놓아주지 않았다
가끔씩 찾아와 나 대신 펑펑 울어주던
빗소리,
흐릿하게 지워진 기억만 맴돌 뿐
내가 알고 있던 얼굴, 그곳에 없다
온기가 식어가는 잠 속에
낯선 바람만 살고 있다

먼 꽃

미술관에 나만이 알아보는
꽃이 걸려 있다
바람 한 줄 새어들지 않는
그림 속에서
어머니는 꽃으로 피어나셨다
눈물이 마르면 꽃이 된다던
어머니,
아무리 들여다보아도 보이지 않고
사방 허우적거리며 피어나는 안개
가까이 다가가 보면
희미하게 빛바랜 꽃송이
또 다른 내가 꽃으로 되어 있다
아려오는 눈빛으로 마주한 어머니는
복사된 안개꽃 속에서
점점 멀어진다
간절히 바라보아도 시들고 마는
떼어질까 두려운 그림 꽃

저어새

골목마다 갯벌을 매달고 있는
어느 한가로운 강화도 어촌,
작년 가을 너울파도에 떠밀려
엔진 소리 멈춘 낡고 낡은 고깃배는
아버지의 집이고 옷이며
걸쭉한 막걸리 사발이었다
이제는 물살 잦아든 갯벌에
먼 바다를 등지고 잠들어 있다
넘쳐흐르지도 얼어붙지도 않는 바다
진흙덩이 끈적이는 차디찬 생의 끝자락에서
목줄을 걸고 저 혼자 비틀거리는 늙은 배,
젊은 날 아버지의 한 생이 고스란히 녹아 있다
"긴장하시죠, 바빠서 다음에 갈게요."
갯벌에 앉아 날지 못하는
저어새 한 마리

능선

편안하게 궁글어진 선이다
한자리에 납작 엎드린 채
평생 자기를 낮추고 있는 산
새의 둥지 껴안은 나뭇가지 사이로
햇살이며 구름이 기웃거리면
외딴 산길에서 들어보는 풀잎의 키 낮은 노래와
아침 새들의 울음
어디서 귀 밝은 바람 소리 한 줄 정수리를 스치면
숨이 차오는데
상한 이파리들은 흙으로 돌아가면서
스스로 숲길은 연다

그 산,
추위와 더위를 온몸으로 감싸주며
가장 낮은 곳에 엎드려 살라시던
아버지 말씀

그곳

내가 살고 있는 작은 모래사장
높은 파도가 문턱을 낮추면
물결 넘어 길을 만들어주었지요
함께 먼 길 떠날 수 없는 것은
품 안에 키워왔던 꽃게랑 어린 거북
거친 바다 물결에 풍덩 뛰어드는 뒷모습을
어미의 눈으로 지켜보려는 거예요
포구의 봄은 꽃무늬 셔츠를 입고 떠났고
소란 피며 날아들던 갈매기들도
여름 먼지를 짊어지고 날아갔어요
어디서 빈병이 떠내려 올까요
고꾸라지고 부딪치며 물살에 실려 오네요
우리들 바닷가에도 가을이 들썩이고
바닥까지 다다른 물거품과 모래알은
서로를 끊임없이 등 두드려주고 있어요
개펄이 아니어서, 하얀빛 모래 길이어서,
젊은 날 서약을 묻어두었기에
오래도록 떠날 수 없는 곳

가을 문답

버스를 타고 가는데 졸음이 쏟아져요
빨간 단풍나무 서 있는 정류장에서 내려
올려다본 하늘 언저리
가지를 떠나는 잎새들이
단풍비 되어 나부껴요
떨어져 내리는 일조차 어디 그리 쉬운가요,
나뭇가지에 매달인 잎새들도
숨죽여 떨고 있어요
나는 그 이유를 물어보지 않았고
잎새들도 대답하지 않았어요
내 안의 마른 가지에 바람 불고
구름이 먼 길 떠난다 해도
계절은 나에게
자꾸만 나목으로 살라 하네요

제3부

분홍을 입다

꽃이 유난히 예뻐 보이는 날
작은 화분이 내 안에 들어왔다
영양제 알약이 늘어나면서 옷이나 신발, 가방까지
온통 분홍으로 물들이기 시작한다
베란다에서 알록달록 나부끼는 꽃송이보다
진짜 꽃으로 피어나는 새 옷
무덤덤하게 걸려 있는 옷가지들 사이에서도
분홍은 봄이 되어 스며든다
어색해서 멀리하면
자꾸만 나를 따라 다니는 진분홍,
붉디붉다 못해 에로틱해진 연분홍
더는 붉어지기에 미안해서
뒤죽박죽 쉬어버린 얼룩 분홍이
빨래가 되어 펄럭인다
옷걸이도 없이 엉거주춤 걸려 있는 내 마음도
온통 분홍빛으로 나란히 햇볕을 쬐고 있다
분홍은 내게 비타민이다

눈송이 눈물만큼만

나는 눈송이를 노래하네
눈송이 사이로 불어오는 바람
눈송이가 껴안은 살얼음만 한 사랑
밤새 붉은 열차를 타고
어린 눈송이의 날개가 젖어 가면
나는 붉은 열차를 노래하려네
자작나무 숲에서 칼바람이 손에 쥐어주던
눈꽃 송이들
쇠바퀴 구르던 하얀 울음
그 울음을 따라 부르며 모든 겨울 눈송이들을 위해
나는 노래하고 싶었네

차디찬 달빛이
자꾸만 한쪽으로 밀어 올리고 있었네
그 한쪽의 두려움같이
나는 카자흐스탄의 눈물을 노래하고 싶었네
눈송이 사이로 언뜻언뜻 날아드는
하얀 눈꽃들의 아우성

카자흐스탄에서

눈송이를 노래하고 싶었네

사과가 붉어지는 이유

둥둥 떠 있는 사과의 귓불에 대고
어떤 잎새가 노래하는가
해풍에 가을비가 두려움을 털어내면
뒤틀린 무릎에 제 무게를 실어가며
자꾸만 무언가에 거역하다 길들여 가는
붉은 사과,
발끝 닿지 않아도
땅심으로 붉어지고야 마는 석양빛처럼
제각각 다른 방향으로 언뜻언뜻 흩어졌다가
시샘하며 발그랗게 익어간다
살아가고 싶은 동그란 열망에
제 몸을 휘감고 허우적거리다가
때로는 해독할 수 없는 문자로 빛살 보태가면서
나름 연륜으로 물살 치며 깊어져 가는데
잘 가꾸어진 들뜬 마음을 감춘
사과나무 아래서,
오늘은 어른들의 노래가 종일 맴돌고
울컥 쏟아놓은 울음보처럼 붉은 길목마다

천지사방을 덧칠하려는 빨강의 의미는
한 시절 꾸밈인지 모를
제 멋에 겨워 얼굴 붉히고 있는
수줍은 사과의 꿈

산나리

외딴 산길에 숨어 울지 마라
풀잎 푸른 목덜미에 숨어서
한 계절 꽃피우지 않았더냐
산길 내려가면서 뒤돌아보지 마라
주황색 향기 산 아래 닿거든
긴 속눈썹 드리우고
점박이 가슴으로
산나리, 거기 그늘이 앉아
꽃피우고 있다고
내 말, 전해다오

가시꽃

허리 잘린 꽃다발이
꽃병에서 환하게 웃고 있다
상처는 상처로 포개 안아야만
세상에 고운 향기를 뿜어낼 수 있다고,
꽃을 보듬고 있는 꽃병 속 긴장감이 팽팽하다
무른 꽃대궁으로
마지막까지 힘껏 물을 끌어당기는 힘
그 안간힘으로 웃을 수 있는 거라고,
어디 웃는 일이 그리 쉬운가
제 화 다스리지 못해
가시라도 피워내겠다며
세상에 등을 보이며 돌아서는 꽃잎은
스스로 먼저 시들기도 한다

구정물 속
잘도 견뎌온 가시연 한 송이
가시를 물 밖으로 밀어 올리는 중이다

자목련

가지 사이로 기웃거리던 햇살이
건너편 모퉁이를 돌아나온다
허공을 요란하게 흔드는 꽃봉오리
봄의 경기가 시작되었다고 알린다
관객의 반응은 출렁이고
불끈 쥔 주먹 앞세운 봄이
성큼성큼 걸어 나온다

뜨거운 김을 훅훅 뿜어내는 나뭇가지 위
복싱이 한창이다
길고 오뚝한 콧날을 향해 어퍼컷 날리다
눈두덩이 퉁퉁 부풀어 오른 녀석
링 위에 덜컥 주저앉아 엉덩방아를 찧는 놈
한바탕 실랑이 끝에 카운트를 세면
여기저기 웅성거리는 꽃망울들이
일제히 환호성을 터트린다

잇몸 드러낸 웃음 한껏 머금고

술렁이는 사월
허공에 멍 자국이 선명하다

눈웃음

매화 꽃눈이 먼 잠에서 깨어나고 있어요
때 아닌 눈송이를 쓸어 올리더니
슬그머니 움트는 저 우듬지 끝이
환하게 밝아오고 있어요
잘 지냈나요, 눈웃음치며
꽃 없는 세상 외롭지 않다고 말해주는
홍매화
웃음꽃 매단 나뭇가지마다
꽃망울 터트리기 시작했어요
봄이라고요,
눈꼬리 찡긋하며
내 마음 읽어버린 눈맞춤에도
아무런 말 건네지 못했어요
선분홍 꽃잎 조심스레 펼치는 매화가
패인 내 마음에도
붉은 꽃눈 다시 돋을까 싶어서요

덩굴장미

소낙비 비켜간 자리마다
빗방울 털어내며 피어나는 장미
꽃잎 떨어지면서
바람 일으켜 눈물바람이라고 했던가
눈시울 붉어지는 벽
사람들은 왜 눈물이 날 때
손으로 얼굴부터 가릴까,
새들은 왜 자기 상처를 감추고 싶을 때
먼 하늘에 대고 소리 지르며 울어댈까,
빗방울 머금은 꽃 자락에서
이카로스의 비행을 노래하는 주황색부리새가
가시 틈새에 발톱 세우고
장미 넝쿨 아래 웅크리고 있다
쨍그랑,
부서지는 햇살 아래서
붉게 폭발하고야 마는
유월의 담벼락

개화

땅속에서도 꽃소식 올라오나요
지하열차 봄소식 싣고 떠나는데
우리도 진달래 만나러 갈까요
부드러운 분홍 얼굴들
선부른 감홍 벌컥벌컥 들이켜고 있네요
커졌다 작아졌다 하면서
호리병 행렬이 출렁이는 곳
어느 군락지에서 내려야 할까요
등 떠밀려 내린 곳에
삼월이 봉긋 피고 있어요
앞서가는 선글라스 여자는
부대껴 헐거워진 봄, 그 봄볕을 문고리에다
훌러덩 던져버리네요
뭉텅, 빠져나간 꽃들의 수다
여기쯤에 풀어놓을까요
진달래 미끈한 턱 선을 보이며
높다란 계단 위로, 또각또각
꽃송이 끌어 올리네요

눈꽃

하늘 가까이 얼굴 내밀어보면
눈꽃들이 뽀얀 연기를 뿜는다
눈보라 아우성이던 저녁 거리에서
햇살에 발효된 함박눈이 내린다
누군가 눈꽃 날리는 거리로 나를 밀어 넣고
우두커니 서 있는 내 발끝에 슬쩍 밀고 들어온
겨울이, 하얀 붕대를 칭칭 감고 서 있다
맨발로 걸어 나온 눈송이,
어설프게 말해주는 거짓말처럼 쌓여간다
아무리 걸어봐도 눈 세상이던
마음속 서랍을 열고 눈꽃을 쓸어 담는다
한 송이가 그 한 송이의 목소리를
자꾸만 기억해내려고 한다
겹겹이 포개 입은 마음 쓸어내며 사그라질 듯
내려앉는 노래들
그것은 이미 하얗게 바랜 마음이다
닿기만 하면 사라지는 눈꽃들의 옛이야기
눈 오는 날은 마음 한 켠에 귀를 열어놓는다

미인

연못 한가운데 떠 있는
수련에게 발목 잡혔어요
이끌렸다는 말 대신 받쳐 오르는 붉은 마음
쿵, 하고 심장 울리는 소리 더욱 가까워졌어요
불 꺼진 영화관에서 밝아오는 첫 장면같이
첨벙 빠져버린 시선 깊어진
초록 치마의 뽀얀 얼굴
무심히 머릿속에 박힌 느낌표
참, 곱기도 하네요
닿을 수 없는 물보라가
미워지는 내 얼굴을 당기고 있네요
어쩌겠어요,
그림 정원에 핀 수련인 걸요

겨울 해바라기

마주하기 두려워 햇살도 비켜간다
발등에 시선 떨군 채
왜 하필 해는, 해바라기를 외면하는지
천둥 울음에도 꿈쩍 않는 귀
노동 없는 생각에서부터
수없이 반복된 침묵이 고여 있다
엉겨 붙은 꽃잎 몇 장, 바닥에 떨어트린 채
저만치 짧아진 햇살 아래
해를 가리는 꽃
혹시 모를 어머니를 기다린다
심장 소리 줄여가며 이따금 찾아와
산책시켜주던 자식마저 뜸해졌다
골목에서
그녀의 이름 지우며 앰블런스 울음
길게 한 줄 지나간다

소금꽃

흰빛으로 지어올린 집은 고요하다
바닷바람에 실려 흐느끼며 도망치던 날
무덤들은 흰 기둥을 세운다
손금보다 더 선명하게 무덤이 올라서고
지붕 위에 햇빛이 뭉개지고 있을 즈음
마당에선 간물이 살랑살랑 꽃을 피워 올린다
소금은 바다를 순하게 한다
햇살에 기대어
끝도 없이 제 살을 말려가면서
하얀 가지에 잎사귀를 펼친다
희디흰 눈물방울로나 꽃이 되려는지,
소금밭에서
갈매기도 소라도 하얗게 질려 있다
어디선가 날아든 산새 한 마리
한소끔 짜게 울다 간다

연산홍

머리는 펄펄 끓어 넘치고
팔다리가 늘어진다
온몸을 콕콕 찌르는 통증을
그대로 받아들이면서 억지 잠이 든다
꿈속에서 자갈이 부딪치며 굴러가더니
한 며칠 흠씬 두들겨 맞은 몸뚱이가
열꽃을 불러 모은다
이제 몸을 일으켜야 해
움켜쥐었던 시간을 펴야 해
오랫동안 펑펑 울고 난 후
멋쩍게 나오는 웃음 맑아지더니
창밖 연산홍
화들짝, 꽃봉오리를 펼치는 중이다

북향화

꽃은 첫걸음 디디려 할 때
북쪽 하늘에 실눈 같은 들창을 내고
별들을 불러 모은다
꽃가루 물고 북쪽으로 날아간 새의 날갯짓도
밤하늘에 길을 내는 별자리도
어둑어둑 밤눈 밝히며
발자국 가지런히 나뭇가지에 올려놓는다
떨고 있는 고소공포증을 알고 있는지,
둥근 길로 되돌아오기 위해
가만히 북쪽 하늘에 여러 개의 창을 낸다
거센 바람에도 헛발 딛지 않으려
거북처럼 등이 뒤집혀 배가 보일 때까지
북두칠성을 따라 힘껏 날아오른다
버선코 살짝 들어 올린 북쪽 하늘에
하얀 꽃 자락 춤사위,
그 절제된 선들이 일제히 한 방향으로
향기를 뿜는 중이다

냉이

봄이면 가만가만 말 걸어주는

어린 풀잎 사이에 숨어든 냉이
허락도 없이 넉살좋은 땅주인인 척
군데군데 영역표시를 해놓았다
언 땅 녹여 제 온기 채우려고
뿌리 끝으로 봄을 끌어당긴다
그 곁에 쪼그리고 앉아
나도 파랗게 물들어 보는데
눈비에 얼마나 아프고 시렸을까
안간힘으로 부풀려도 바람에 맞서지 못하고
땅으로만 움츠려들던 냉이
한 주먹 데쳐놓은 저녁 밥상
뿌리까지 온통 봄이다

뻘 속의 진주

이따금 우울감에 잠긴다
숨죽이고 있는 그림같이 온몸이 그대로 적막이다
권태로움이 깊어지면 마음도 가라앉아
경련처럼 간혹 움츠리고 뒤틀린다
이제, 나를 반죽하여 치대고 펼쳐야 한다
검정 흙덩이 퍼 올린 곳에
생의 울림이 있다면
잠시 머물러도 좋겠다
흙 묻은 헌 옷 한 벌 버리고 와도 괜찮겠다
뻘 속에서 기둥 세워 지붕 덮고 사는
생명은 빛 한 줄 없이 그대로 침묵이다
목구멍에서 흙냄새가 올라온다
내 몸이 바닷물에 짜게 절여진다
물결은 수없이 껍질을 벗어내고 새로 태어나
나를 유배시킨 곳에서
몇천 번 담금질한 시간을 건져 올리고 있다
다시, 말간 나를 되찾기 위해 그 속에 갇혀야 한다
하얗게 궁글어진 보석을 찾으러

물컹한 미궁, 그 뻘 속으로
나를 떠나보낸다

시간의 집

알람이 내 잠을 뚫고 들어온다
집안 기둥뿌리까지 흔들어놓으며
턱도 안 보이는 계단을 걷고 있다
심장을 두드리며 혈관을 따라서 돌다
햇빛도 닿지 않고, 창도 없는 길에서
칸칸이 떨어져 나가는 주름의 시간
나이를 채워가는 시곗바늘을 따라
함께 돌아야 한다는 것을
천천히 알아가고 있는 나를 향해
시간은 자꾸만 멀리 달아나려 한다
천천히 걷고 싶은 날에도
나이를 척 들어앉혀 주는
시간의 집
가지런히 놓인 시간의 신발을 신고 떠난다
그림자를 밟으며
왼발, 오른발

제4부

꿈을 꾸다

저 혼자 피었다 지는 풀꽃들
부드러운 햇살 아래서
이제 막 참나무 숲 돌아 나온
바람의 노래를 듣고 있네
한쪽 능선 머리에서
어느 삽화 속의 꽃망울같이
메아리 없이 목울음 울고 있는 풀꽃들
제 몸보다 두꺼운 빗방울에 꺾여
한나절은 눈물바람 했을 참이네
간간히 들썩이던 어깨 너머로
뒤척이는 풀꽃들이 보이네
피우고 지고 휘청거리는가 싶다가도
어느 날인가에는
일제히 함성처럼 일어나
서로의 어깨를 토닥거려주며
세상을 향해 닻을 올리는
어린 풀꽃들

아가미 호흡법

얼룩무늬 연어들이 한쪽 방향으로만
물살 저어 거슬러 올라간다
온통 등뼈와 감성으로 반죽한 관념이
내 시와 종일 힘겨루기 한다
어느 쪽이 입구이고 퇴로인지 방향이 없다
가끔씩 오래 묵혀놓은 시작노트를 들춰
회전문을 밀쳐보면
조각 난 자투리 공간에 갇혀 있던 뒤엉킨 문장들이
포말처럼 흩어진다
만약 다듬어지지 않은 생각의 결에 아가미가 생긴다면
신선하게 숨 쉬는 시작(詩作)이
시작(始作)될 터,
더 많은 상상을 키우기 위해, 기어코
산소방울을 일으키고 말 것이다
파랗게 질리도록 숨을 참고 있다가
회전문이 서서히 움직이기 시작하면
아가미도 유연하게 입을 열고 닫을 것이다
풋풋한 먹이를 찾으려는 나는

그때서야 새로운 문장들을 능숙하게
쏟아내게 될 것일 터.

토마토 오케스트라

첫 음은 미로 시작하자
토마토 줄기가 오선을 그어대면서
앙증맞은 입술로 합창하는 방울토마토,
하늘에 푸른 악보를 그리며
서로 다른 음으로 바람을 일으키고 있다
그 바람의 목청을 빌어 악보를 켜보면
들숨날숨, 낮은 도, 낮은 레
한 옥타브 올려야 하지 않을까,
어제 불렀던 노래는 다시 부르지 않겠다고
목청 툭 툭 터지도록 목소리 가다듬어
반음 낮게, 혹은 반음 높게
아침마다 새로운 음표를 그려 넣는다
미처 들려주지 못한 이야기,
오르간을 켜고 나팔을 불고,
첼로를 한 옥타브 높이며
교향곡이 되어 담장으로 뛰어오른다

노을

서쪽 하늘에
오렌지빛 햇살 피어오르면
나뭇가시에 앉아 놀던 새들
집으로 돌아가려 하네

아직은 떫고 신 하루를
저녁 그림자들은
서둘러 거두려 하네

구름도 아니고
달빛은 더욱 아니면서
지 혼자 흔들리는 초저녁

그림자를 부둥켜 안은 나뭇가지에서
오렌지가 솔솔
달콤한 향기로 익어가네

해물탕 뉴스

빙 둘러앉은 긴 밥상머리에서 정오 뉴스가 시작되었다
반질반질 닳은 낯익은 냄비모니터에
저만의 관심사를 툭 툭 던진다
해물탕은 한참을 졸여내야만 제 맛이라고
불까지 살짝 줄여놓는다
먼저 관절이 욱신거린다는 꽃게가
천기누설을 하면 큰일이라 너스레 떨며 선수를 친다
갱년기로 달아오른 열을 식히는 데는
꽃게만 한 것이 없다고 집게발로 가위질을 한다
자주 얼굴이 붉어진다는 홍합은
빈혈 예방을 위해서는 제일이라고 엄지척을 한다
오징어는 적당히 살짝 익혀야만 육질이 부드럽다고,
소심하게 그 위에 근심을 얹어놓는다
그때 낙지가 꿈틀꿈틀 잘려나간 발로 자막에 글씨를 넣는다
시원한 국물 맛은 낙지만 한 것이 없다면서
오징어를 밀치고 올라선다
말수 적은 새우가 퉁퉁 부은 얼굴로
국물이 짜다 맵다 투정이다

물어뜯고, 찌르고, 헐거워진 해물 껍데기는
상 위에서 팔랑거리고
온갖 삽나한 뉴스로 엎어지고 뒤집어진 점심시간,
콩나물과 미나리 대파, 무가 곁들여 박자를 맞추면
끝없는 푸념들이 아줌마들의 매콤한 양념이다

여름 택시

늦봄이 일방통행이다
신호 무시하고 달리더니 여기저기 추돌 사고다
바퀴에 뜯긴 분홍 잎이 흐트러진다
계절이 바뀌는 초입에
저만치 떠밀려 머뭇거리다가
빨간 머리 여자와 동승한다
빨간 머리 여자에게서는 갓 구워낸 빵처럼
이스트 냄새가 난다
이제 막 부풀기 시작하는
비밀을 품고 있는 연초록 이파리들
초여름 살갗을 찢고 나온다
유리창에 달라붙은 태양이
꽃받침처럼 두 손을 모은다, 장미인 척
여름 정원으로 함께 실려 가는 택시
천정 귀퉁이가 툭 터진다
슬그머니 태양의 색깔을 훔치고 있다

숨바꼭질

햇볕이 술래가 되었나

뒷산 삼월 잔설 쓰러지는 소리

구름 지나간 잡목더미에서

쉿, 숨소리 들킬라

슬그머니 손 내밀어 보는

꽃눈 가지 한 줄기

찾았다

여기, 봄!

하이힐 말씀

뒤뚱거려요
조금씩 잘려나가던 굽이 끝내 휘청거려요
걸음의 무게를 짊어진 채
울퉁불퉁한 나를 부축해주던 하이힐,
빗길에 미끄러지면서
살점 떨어진 등으로 슬며시 내 발등을 밀어내요
때때로 눈높이를 부추겨주더니
허리 꺾인 채 시름시름 앓고 있어요
좀 더 낮아지면 잘 보게 될 거라며
허공을 딛고 걸어가던 꿈도 낮아지고 있어요
삐걱이며 아프다고 소리쳐서야 알았어요
굽 세우고 걷던 날보다
굽 낮추고 수그러진 날이 더 많았다는 것을,
푸른 날 자주 신었던 하이힐은 내 자존심이었지요
중년이 되어 어쩌다 신어보니
발이 너무 아프다고 소리쳐요
콧대 세우고 다니던 길들도 나를 피하곤 해요
굽이 삐걱거릴 때마다 들려와요

겸손해져라

얌전하게 자신을 낮춰야만

세상의 모든 길들이 편안해진다

풍선 인형

이제 그만 멈추고 싶어요
오가는 사람 출렁이는 길 위에서
지금 나는 미친 듯 춤을 추고 있어요
당신이 불어넣은 희망의 입김도
그토록 몸살 나게 하는 사랑도
감당하기 힘겨워 멈추고 싶다구요
바람 빠져나가 일그러지는 얼굴로
당신 앞에 서고 싶지 않아요
오른쪽으로 가려는데 왼팔이 따라오지 않네요
수많은 별들도 제 빛을 다하면 잠들잖아요
이거 보세요, 목이 뒤틀려 돌아가고 있어요
이스트처럼 부푼 거짓 사랑으로
비틀비틀 펄럭이며
억지 춤을 추고 싶지 않다니까요
신장개업 편의점 앞에 서서
당신의 사랑을 사고파는
일시적인 바람이고 싶진 않아요
누가, 제발 좀 나를 붙잡아주세요

봄바람

봄빛 한 줄
거리를 휘청거린다
울다리 아래로 기어가는 개나리에 업혀서
실려 가도 좋겠다
매니큐어 덧칠한 철쭉이 손짓하는
이산 저 산 골짜기 바람에
나를 살짝 실어 보내도 좋겠다
한 송이 꽃으로 꺾이고 부러져도
봄 속으로 뛰어들면 좋겠다
세상을 휘감고 나부끼는
모래바람이어도 괜찮다
회오리바람 몰아치면
누가 손 내밀어주지 않아도
저 혼자 살랑거리는 봄
화들짝 쏟아내어 버리는 꽃잎들
책갈피로도 짓누르지 마라
꽃잎 흐드러진 자리마다
내가 죽어 있는 내일이 아닌가

검은 혀

고층 빌딩 안에서
검은 혀가 오르내리며 주름잡는다
물살을 저어대는 자질한 움직임에는
웅얼거리는 말소리처럼 낮거나
혹은 톱니바퀴처럼 일정한 규칙이 있다
혀끝에 남아 있는 발자국들이
어두운 주름 집 속으로 천천히 밀려든다
끊어지고 잘려나간 주름투성이들이
마디마디 패인 상처를 쓸어안고 있다
주름잡이 에스컬레이터 바닥 위에
부표처럼 떠가는 한 무리 사람들이
길 안으로 길 안으로 실려 간다
그들의 발 그림자 아래 떨어진 시간들
지워지고 뭉개진 아픔들을
새김질하여 풀어놓으면
그때마다 세상의 모든 길은 하나가 된다
길 밖으로 나갈 수 없는 검게 그을린 혀
누군가 절망 같은 무게로 짓눌러도

목젖을 넘어서거나

입술 밖으로 내뱉지 않는다

죽을 죄

헌책을 정리하다가 낙서로 가득 채운 일기장에서 서른 살 여자를 만났다 딱 그 나이로 거슬러 돌아가 눈물바람 하다가 나도 모르게 환해지는 마음에 웃음 살짝 깨물고 한나절 족히 마음자락 일렁이는데, 어디서 날아왔는지 파리 한 마리 일기장 위에 슬쩍 내려앉는다
한 장 한 장 넘길 때마다 다가와서 두리번두리번, 서른 살 내 비밀을 다 알아냈다는 것인가,
왕눈을 쓱쓱 비비는 것이다

이것 봐라,
순간 종이방망이가 세게 내리쳤다

너,
죽어 마땅하다

퐁당퐁당

봄 산을 찾아갔다
그 사람 꽃소식으로 온다기에
산길을 서둘러 걸어 올랐다
하늘은 저리도록 푸르른데
어디에도 그 사람 그림자가 보이지 않았다
성급한 마음에 내가 먼저 도착했나 싶어
되돌아 내려오는 길
살랑이는 물결에 휩싸여 주춤거리는 사이
저만치 나를 따라오는 꽃내음이
마음 웅덩이 속으로 퐁당거리며
보랏빛 물보라를 일으킨다
곧 바람 한번 불어 닥치겠다
구름도 퐁당퐁당 흘러가겠다

카카오톡

칸막이 사이에 지하가 있고
그 지하에는 많은 방들이 숨어 있다
납작하게 가라앉은 말들이 소란스럽다
하루에도 수없이 만들어졌다 사라지거나
시시때때로 드나들어야 하는 이 방 저 방,
방에서 들려오는 많은 수다들이 때로는
불쑥 지상으로 떠오르기도 한다
수없는 말을 밀고 당기는 미닫이 방에서
단순하고 익숙하게, 그러나 조심스럽게
비밀번호에 갇혀 살아야 한다
사색이 실종되어 가는 방에서
때로는 바닥까지 저울질당하고 나서야
휴식이란 방을 찾아 동면에 든 적도 있다
잠시 철커덕 잠가놓은 문을 열면
자기 방으로 어서 들어오라 소리친다
카페인보다 더 중독적인 멜로디

까톡, 까톡

오늘도 노란 자물쇠를 물고
나를 견인하고 있는
빈지 수 없는 수많은 방들

스무 살

호기심 많은 꽃망울이
여물지 않은 꽃받침 위에
아슬아슬 매달려 있다

지나가던 소나기가 장대로
등짝을 후려치면
머리채 흔들며 훌쩍이다, 어느새
배시시 웃고 만다

자유를 꿈꾸는 철부지 꽃봉오리
여린 가시 내보이며
담장에 팽팽하게 맞서는 앳된 표정

여물지 않은 가장자리에서
조마조마 몸 피울
꽃 시절

안개

순간 피어난 눈망울 희미하게 사라져도
오랫동안 깊은 눈으로 바라보렵니다
다가가면 머뭇거리다 돌아서는 낯선 동행,
그대 곁에 머물지 못한 채 연기처럼 흩어진 사랑이
먼 곳에서 가만가만 건너옵니다
어디로 갈지 모르는 안개의 꿈,
속삭이듯 에워싸고 있는 빛을 따라
아주 작은 몸짓으로 따라 가렵니다
비록 볼 수 없는 마음이어도
나 오래도록 당신 향해 귀 기울이렵니다
햇빛 많은 날 붉은 광채로 반짝이지 않아도
구름 속에서 피어난 내 사랑 깊어질 수 있도록
천천히 지켜보면서 떨리는 손 내밀어봅니다
저 너머로 서쪽 노을이 기울면
손끝에서 헤매다 놓치고 만 하늘 안개 섬이
아지랑이 꽃으로
아프게 아프게 피어납니다

흐른다는 것에 대한 단상

한 물결 들어서면 저절로 밀려 나가고
새 물결 들어오면 제 몸 꺾으며
다른 방향으로 굽어 흐른다
뜻하지 않은 물결에 휩쓸렸다 돌아올 때
허우적거린 시간,
먼 거리 휘돌아 용수철처럼 감겨오는 물결은
어느 곳으로도 나를 흘려보낼 수 없다
내 안에 대고 가만히 말 걸어본다
모든 흐름에 순종하려 해도
물살에 떠내려가지 않으려 몸부림쳐도
생의 파도는 뛰어넘지 못하고
어디로 어디로 물살 따라 흘려보냈던가,
되돌리려 끌어당겨 놓아도 이내
철커덕 문 닫고 숨어버리던 물결의 뒤채임
달아난 시간의 무게만큼 쓸려가다가
무심코 뒤돌아본 거기에서
나도 모르게 방향을 틀고 있다
그 강줄기는 따라가지 않겠다며

속절없이 허우적거린 날은 사위지 않고
갈팡질팡 흔들리던 내 마음
다시 살아나고 있는 결이다

가을

가지들 사이로 잎새가 가네
가늘고 짧은 사랑이 가네
잎사귀 사이로 스며들던 그늘
구멍 숭숭 뚫린 내 못난 사랑이
가서는 돌아오지 않을
계절에 업혀 붉은 알몸으로 가네

해설

단절된 것들의 아름다움과 차가운 실루엣

나정호 시인·극작가

세상의 모든 것들은 저마다 제자리에서 그만치 아름답습니다. 저녁 하늘의 별은 인간에게 미치지 못하기 때문에 아름답습니다. 산봉우리는 멀리 있기 때문에 아름다운 것이고, 그 봉우리에 걸려 있는 구름도 인간이 다가갈 수 없기 때문에 아름답습니다.

이른바 저마다의 자리에는 그만치의 경계가 존재합니다. 꽃과 벌 사이에, 딱따구리와 나무 사이에도 눈에 보이지 않는 경계가 있습니다. 꽃과 일벌의 역할이 그러하고, 애벌레를 구하려고 나무술기를 쪼아대는 딱따구리와 나무 사이에도 분명 경계가 있습니다.

인간세계에도 거리와 경계가 존재합니다. 생각해보면 너무 빠른 속도로 다가오는 이성은 오히려 두렵고 무섭기만 합니다. 그래서 많은 시인들이 멀리 있는 이성을 사모하거나, 단절된 사랑을 노래하는지 모르겠습니다.

김진경 시인의 시는 바로 이러한 경계와 단절을 허무는 작업으로부터 출발합니다. 전혀 이질적인 사물의 경계를 초월하여 단절된 것들과의 만남, 그리고 하나의 혈연으로 이뤄내고 결합시키는 과정이 그것입니다.

우리는 시인이 켜놓은 「강물의 집」을 만납니다. 강물에 하늘이 뛰어들고 구름이 뛰어듭니다. 가을 강의 수초들도 알아차렸을까요. 구름이 강물에 제 몸을 들어앉히고 스스로 강물이 되어 흐릅니다. 수초도 구름도 강물에 섞여 흘러갑니다. 요컨대 어떤 만남에 의해 인생의 행로가 휘어지기도 하고 누군가 무심코 가리킨 방향이 끝내 그 운명에 가담하기도 합니다. 그래서 많은 사람들이 강물을 인생에 비유하는지 모르겠습니다.

이른바 물의 속성은 한없이 부드러우며 자유롭게 굽이치면서 흘러갑니다. 애써 자기 형태를 꾸미거나 모양새를 강요하지도 강요받지도 않습니다. 자꾸만 파문을 일구는 저 물결의 떨림을 닮을 수 있다면, 우리의 생은 그대로 음악이 되고, 그림이 될 수 있지 않을까요.

물길은 사람의 운명을 닮았습니다. 빗방울 뿌리는 날에 구슬픈 저녁의 물소리가 그러하고 수초를 눕히며 쓸려가는 거친 물살이 그러합니다. 생애의 선율을 타고난 강물, 김진경 시인이 천상의 언어를 눈뜨게 한 자리가 바로 「강물의 집」입니다.

강물로 뛰어든 하늘 귀퉁이

물살과 겨루지 않고 낮은 곳으로 흐른다
이내 구름도 따라 흐른다
허물었다 다시 지어 올려보는 물의 집은
먼 세상 끈으로 이어지는 끝없는 줄다리기로
모든 허물을 오롯이 덮어준다
수초에 뒤엉키거나
놀부리에 걸려 뒤틀어진 강을 보듬어 안고
제 몸 끊어 새 물줄기로 이어준다
시침질하는 어린 물살도
가만히 샛강의 폭을 넓히고 있다
가장자리 어디쯤에다
철부지 아이들 웃음소리 까르르 부려놓고
작은 소리로 쿨럭이는가,
흔들리지 않으려고
멈추지 않으려고, 안으로
울음을 고요히 움켜쥐고 있는
물구름의 집

—「강물의 집」 전문

「강물의 집」은 현실에서 불가능한 환상의 세계를 제시합니다. 「강물의 집」은 상상으로 지어올린 집입니다. 다소 느슨한 도입부로 하여 이완된 감정을 긴장감 있는 언어 구성으로 몰아가고 있습니다. 이미지와 이미지의 억지스러운 교접도 오히려 흥미롭습니다. 그래서 이 시에서 시인의 무료하면서도 견고한 삶의 방식과 태도를 읽을 수 있습니다. 하늘이 강물에 뛰어들고, 그 하늘을 따라 구름도 강물에 합류합니다. 그러나 그 물길은 갈등을 품고 흘러갑니다. 운명이라는 이름에 저항하기 위하여, 온몸을 무기로 새로운 물길을 열기 위해서 시인의 생강은 어딘가에서 잠 못 이루며 물살을 빚어내고 있을 것입니다. 그것은 반복되는 일상의 '끝없는 줄다리기'가 됩니다.

바로 '강물'과 '집'이라는 상징적 기능을 통해 현대인들의 마음에 항상 의식되지는 않더라도 어느 순간, 존재하는 결핍된 욕망을 충족시켜주고 있습니다. 본연의 언어 기능이 상실된 시대의 현실 재현은 언어의 지시적 기능보다 상징적 기능에 의지해야 한다는 사실을 시인도 자각하고 있다고 봅니다.

이제 시인은 눈길을 달립니다. 인천공항에서 시베리아 설원까지, 그러나 마음은 아무리 달려도 눈길입니다. 시인의 내면 풍경에는 눈길을 달리는 화살 열차가 있습니다.

> 녹슨 철길이 있다
> 온 세상이 하얀 겨울나라 어딘가
> 붉은 열차가 달리고 있다고 했다
> 보내고 떠나는 두 마음을 끌고
> 절반의 생을 달려온 붉은 열차,
> 내 몸에 둥근 선로가 깔리고
> 눈길에 화살이 날아간다

먼 서쪽 나라 그대가 살고 있는 곳을
뜬눈으로 날아가던 시절이 있다
아무리 달려도 끝도 없이 이어지는 눈보라
그 눈송이 나부끼던 하늘에 쏘아올린 화살같이
자꾸만 멀어져 가던 쇠바퀴 울음,
나는 오늘도 한번 가서는 돌아오지 않는다는
시베리아 실원을 달린다
눈길에서 서로 어긋나고 뒤틀리는 것이
숙명이라고 말해주던 그대,
기다림, 멀고 먼 기다림은 이어지고
그 기다림이 지치면 그리움으로 날아가는 화살같이
나는 달린다
세상에서 제일 긴 말을 듣고 싶을 때
문득 떠오른 한 마디

'잘 있어'

-「붉은 열차」 전문

화살은 정지하는 순간 속도를 버리고, 누군가를 사랑하는 마음도 단절되는 순간 마음의 속도도 멈추고 맙니다. 사랑하는 상태는 그 대상을 향하여 거침없이 달려 나아가는 것입니다. 그렇습니다. 살아있다는 것은 의식과 육체가 멈추지 않은 상태입니다. 그런 의미에서 우리의 인생도 정체 모를 무언가를 향해 쉬지 않고 달려

나가야 하는 여정인 것입니다.

「붉은 열차」는 시인의 사랑입니다. “절반의 생을 달려온 붉은 열차를 타면/내 몸에 둥근 선로가 깔리고/눈길에 화살이 날아간다”며 시인의 그리움은 그대로 화살의 속도와 한 몸을 이룹니다. 그러나 오랜 기다림과 설렘의 대가는 가혹하기까지 합니다. “아무리 달려도 끝도 없이 이어지는 눈보라”뿐인 ‘기다림’과 ‘그리움’이 그것입니다. 어쩌면 「붉은 열차」는 시인의 자화상이거나 사랑의 지표가 아닐까요.

어쩌면 인생은 사막에 길을 내며 한없이 걸어야 하는 여정이라 하겠습니다. 한번 발을 들여놓으면 돌아갈 수 없다는 죽음의 사막을 자처하며 걷는 것이 인생입니다. 시인의 「길 위의 시간」은 ‘세상의 모든 길’을 곡선의 세계로 인식합니다.

세상의 모든 길은
동그랗게 휘어지기도
모퉁이를 만들기도 하다가
그만 한쪽으로 으스러지기도 한다

…중략…

이따금 자동차가 보채기도 한다
좌회전, 우회전 신호를 보내면서
발길을 밀고 당긴다

—「길 위의 시간」 부분

시인은 인생을 되돌아보게 하는 성찰의 자리를 「길 위의 시간」으로 설정합니다. 삶의 여정은 아무리 나아가도 그 자리에 머물게 되어 있습니다. 지구가 둥글다는 과학의 진리가 그것입니다. 그래서 한 생을 살아가는 동안 우리는 끝없이 원을 그리며 방황하는 이방인이 되는 것입니다.

지구의 표면을 한 방향으로 끝까지 걸어가면 결국 우리가 출발했던 길 위에 다시 서게 됩니다. 그런 의미에서 「길 위의 시간」은 이제 반생을 걸어온 김진경 시인이 어느 한적한 모퉁이에서 스스로를 돌아보는 성찰의 시간이라 하겠습니다.

그러나 인생에는 속도계가 없습니다. 방향도 일정하지 않습니다. 사거리의 신호등처럼 "좌회전, 우회전 신호를 보내면서" 가리켜 주지도 않습니다. 다만 정지의 순간이 곧 죽음의 순간입니다. 그렇습니다. 우리가 살아있다는 것은 의식과 육체가 멈추지 않은 상태입니다. 그런 의미에서 「길 위의 시간」은 부단히 갈등하고 다투면서 끝도 없이 걸어가야 하는 여정을 노래하고 있다고 봅니다.

김진경 시인의 시정신은 함축과 차가운 실루엣입니다. 가혹하게 절제된 표현들이 이미지를 바짝 잘라내거나 그 줄기를 지나치게 생략해서 오히려 무미건조하기까지 합니다. 한편 부드러우면서도 강인함까지 수반하는 시인의 시적 세계에 대한 의식입니다.

이른바 「먼 꽃」은 김진경 시인의 독특한 현실의식과 시적 안목을 말해주고 있습니다.

미술관에 나만이 알아보는
꽃이 걸려 있다
바람 한 줄 새어들지 않는
그림 속에서
어머니는 꽃으로 피어나셨다
눈물이 마르면 꽃이 된다던
어머니
아무리 들여다보아도 보이지 않고
사방 허우적거리며 피어나는 안개
가까이 다가가보면
희미하게 빛바랜 꽃송이
또 다른 내가 꽃으로 되어 있다
아려오는 눈빛으로 마주한 어머니는
복사된 안개꽃 속에서
점점 멀어진다
간절히 바라보아도 시들고 마는
떼어질까 두려운 그림 꽃

—「먼 꽃」 전문

시인은 미술관에 걸려 있는 마른 안개꽃 그림에서 '어머니'를 발견합니다. 안개꽃을 어머니와 동일시하고, 나아가 "또 다른 내가 꽃으로 피어 있다"와 같이 안개꽃은 어머니이기도 하고 시인의 자화상이기도 합니다.

'사방을 휘저어 봐도 잡히지 않는 안개의 얼굴같이' 시인에게 어머니는 그저 가닿을 수 없는 먼 곳에 피어 있는 「먼 꽃」입니다.

또한 시인의 내면에 피어나는 '안개의 얼굴'은 이목구비가 선명하고 고정된 형태의 얼굴이 아니라 "희미하게 빛바랜 꽃송이"입니다. 흔히 안개의 속성이 그러하고, 안개꽃이 그러합니다.

안개는 본래 무리 지어 흐르는 율동이며 춤입니다. 한순간도 머물지 않고 움직이는 것이 안개입니다. 또한 우리의 습성에서 벗어나는 충격입니다. 안개 속에서 우리는 저 보이지 않는 영원을 향하여 마음의 문을 활짝 열게 되는 것입니다. 그런 의미에서 「먼 꽃」은 시인의 어머니이며, 바로 시인의 내면으로 이끌어주는 건널목이라 하겠습니다.

모든 색채는 저마다 다양한 의미를 담고 있습니다. 김진경 시인의 「분홍을 입다」는 시인의 단정하고 온화한 성품을 말해주고 있습니다. 분홍은 여성과 귀여움의 대명사이며 감각적인 색채입니다.

> 꽃이 유난히 예뻐 보이는 날
> 작은 화분이 내 안에 들어왔다
> 영양제 알약이 늘어나면서 옷이나 신발, 가방까지
> 온통 분홍으로 물들이기 시작한다
> 베란다에서 알록달록 나부끼는 꽃송이보다
> 진짜 꽃으로 피어나는 새 옷

무덤덤하게 걸려 있는 옷가지들 사이에서도
분홍은 봄이 되어 스며든다
어색해서 멀리하면
자꾸만 나를 따라다니는 진분홍,
붉디붉다 못해 에로틱해진 연분홍
더는 붉어지기에 미안해서
뒤죽박죽 섞여버린 얼룩 분홍이
빨래가 되어 펄럭인다
옷걸이도 없이 엉거주춤 걸려 있는 내 마음도
온통 분홍빛으로 나란히 햇볕을 쬐고 있다
분홍은 내게 비타민이다

—「분홍을 입다」 전문

실제로 시인은 잘 감동하고 곧잘 설레기도 합니다. 그러나 천성이 온화하고 반듯해서 동양 여성의 기품이 그대로 느껴집니다. 이제 중년의 나이에 이른 시인에게 분홍색 꽃은 젊은 날의 감동과 설렘을 상기시켜주는 매개물이 됩니다.

"무덤덤하게 걸려 있는 옷가지들 사이에서도/분홍은 봄이 되어 스며든다/어색해서 멀리하면/자꾸만 나를 따라다니는 진분홍"처럼 무덤덤하게 살아가는 시인의 현실은 '분홍의 봄'으로 피어나는 충만감이며, 그 어색하고 불편함을 잊은 채 점점 짙어가는 분홍빛에 대한 집착을 노래하고 있습니다. 「분홍을 입다」는 삶의 비타민을 분홍으로 착각하는 시인의 천진난만하고 유아적인 심상이 엿

보입니다.

그러나 김진경 시인이 설정하고 있는 자연의 모습은 스산합니다. 낯선 이국의 겨울 눈길에서 나침반을 등불 삼아 스스로 길을 선택하며, 방향을 가늠해나가는 쓸쓸한 여인 같습니다.

흔히 좋은 시인은 외롭고 쓸쓸하다고 말합니다. 이 외로움에는 마침내 자아를 발견했다거나, 스스로 어떤 경지에 접어들었다고 믿는 사람은 없습니다. 도리어 끝내 조락하기 마련입니다. 실패하거나 상처받기 마련입니다.

김진경 시인은 오랜 기다림의 삶을 숙명으로 받아들이며 살아왔습니다. 시 창작은 그 외로움과 두려움을 단절시키기 위한 처방전이었습니다. 바로 시인의 차가운 내면에 따뜻한 피와 살을 더해준 열쇠를 「눈송이 눈물만큼만」에서 발견합니다.

나는 눈송이를 노래하네
눈송이 사이로 불어오는 바람
눈송이가 껴안은 살얼음만 한 사랑
밤새 붉은 열차를 타고
어린 눈송이의 날개가 젖어 가면
나는 붉은 열차를 노래하려네
자작나무 숲에서 칼바람이 손에 쥐어주던
눈꽃 송이들
쇠바퀴 구르던 하얀 울음
그 울음을 따라 부르며 모든 겨울 눈송이들을 위해

나는 노래하고 싶었네

차디찬 달빛이
자꾸만 한쪽으로 밀어 올리고 있었네
그 한쪽의 두려움같이
나는 카자흐스탄의 눈물을 노래하고 싶었네
눈송이 사이로 언뜻언뜻 날아드는
하얀 눈꽃들의 아우성
카자흐스탄에서
눈송이를 노래하고 싶었네

—「눈송이 눈물만큼만」 전문

시인에게 카자흐스탄의 눈송이는 특별합니다. "눈송이가 껴안은 살얼음만 한 사랑"이 그것입니다. "눈송이 사이로 언뜻언뜻 날아드는/하얀 눈꽃들의 아우성"은 카자흐스탄에 머물고 있는 사람을 향한 그리움이며 기다림입니다.

시인에게 "하얀 눈꽃들의 아우성"보다 춥고 고통스러운 것은 기다림입니다. 따뜻하고 평화로운 상태는 예술의 적입니다. 작곡가 쇼스타코비치는 러시아에서 예술이 번창한 것은 혁명의 시기라고 말했습니다. 불안과 두려움 속에서 행복을 기다리는 동안 예술이 여무는 법입니다. 시인에게 기다림이란 이처럼 아름다운 긴장이며, 스스로를 영글게 하는 시간이 아니었을까요.

김진경 시인이 지나간 시간을 돌이키는 이유는 위안의 차원입니다. 오랜 기다림에 대한 혹은 그리움이 거느리고 있는 삶의 모순에 대한 내면의 일들이 시인에게는 음악이나 그림으로 일렁이는 몸짓입니다.

첫 음은 미로 시작하자
토마토 줄기가 오선을 그어대면서
앙증맞은 입술로 합창하는 방울토마토,
하늘에 푸른 악보를 그리며
서로 다른 음으로 바람을 일으키고 있다
그 바람의 목청을 빌어 악보를 켜보면
들숨날숨, 낮은 도, 낮은 레
한 옥타브 올려야 하지 않을까,
어제 불렀던 노래는 다시 부르지 않겠다고
목청 툭 툭 터지도록 목소리 가다듬어
반음 낮게, 혹은 반음 높게
아침마다 새로운 음표를 그려 넣는다
미처 들려주지 못한 이야기,
오르간을 켜고 나팔을 불고,
첼로를 한 옥타브 높이며
교향곡이 되어 담장으로 뛰어오른다

—「토마토 오케스트라」 전문

모든 생명의 성장은 갈등의 상태입니다. 아름다운 꽃도 갈등하며 피어납니다. 「토마토 오케스트라」는 시인의 식물성에 비유되는 상상의 세계를 보여줍니다. 방울토마토의 성장 과정이 그대로 교향곡이 됩니다. 토마토가 바람과 햇살의 간섭을 받으며 긴장하고 부딪치면서 악보를 켭니다.

이른바 식물의 생장 과정과 정한(情恨)을 음악으로 풀어 다스리며 소리로 변모시키고 있는 것입니다. "바람의 목청"은 "오르간을 켜고 나팔을 불고,/첼로를 한 옥타브"올려보기도 합니다. 그것은 곧 마음의 아우성, 즉 삶의 의지와 욕망의 세계와 같은 맥락에 있다고 봅니다. 그런 의미에서 시인에게 음악은 생명력을 의미함과 더불어 빛과 어둠, 삶과 죽음처럼 모든 모순되는 것들이 한데 어우러진 시적 공간이라 하겠습니다.

김진경 시인의 이번 시집에서 느껴지는 것은 기다림과 단절이라는 두 경계 사이에서 갈등 심리가 미묘하게 읽힌다는 것입니다. 그것은 곧 시인의 현실적 비극이 시적 회화를 통해 순화되고 있습니다. 여기에는 외로움이라는 삶의 온갖 앙금과 메마른 감정의 편차들이 긴장의 해소를 다잡으려고 부단히 노력하고 있는 시인의 내면의식을 말해줍니다. 그런 의미에서 시인의 시 세계는 도시인의 차갑고 냉소적인 일상의 모습으로부터 출발합니다.

그 경계선에서 시인의 「붉은 열차」가 세상을 향해 달려 나갑니다. 이처럼 시는 전혀 다른 것들과의 경계를 넘나들며 하나의 혈연으로 결합시키는 힘을 갖고 있습니다.

앞으로 김진경 시인이 새로운 발상, 새로운 전개, 새로운 감각으로 세상의 모든 단절된 것들과의 경계선에서 신성한 공기와 같은 시를 보여줄 것이라 기대합니다. 김진경 시인의 첫 시집 『붉은 열차』 발간을 진심으로 축하합니다.

이 도서의 국립중앙도서관 출판시도서목록(CIP)은 서지정보유통지원시스템 홈페이지(http://seoji.nl.go.kr)와 국가자료공동목록시스템(http://www.nl.go.kr/kolisnet)에서 이용하실 수 있습니다.(CIP제어번호: CIP2016024830)

문학의전당 시인선 238

붉은 열차

© 김진경

초판 1쇄 인쇄 2016년 10월 19일
초판 1쇄 발행 2016년 10월 26일

지은이 김진경
펴낸이 고영
책임편집 류미야
디자인 헤이존
펴낸곳 문학의전당
출판등록 제311-2012-000043호
주소 서울시 은평구 연서로11길 7-5 401호
전화 02-852-1977 팩스 02-852-1978
전자우편 sbpoem@naver.com

ISBN 979-11-5896-284-5 03810